Moïse ILOKO KITUMBAMOYO

ET L'EAU DU JOURDAIN S'ARRETA !

Moïse ILOKO KITUMBAMOYO

ET L'EAU DU JOURDAIN S'ARRETA !

Éditions Croix du Salut

Cover image: www.ingimage.com

Publisher:
Éditions Croix du Salut
is a trademark of
Dodo Books Indian Ocean Ltd., member of the OmniScriptum S.R.L Publishing group
str. A.Russo 15, of. 61, Chisinau-2068, Republic of Moldova Europe
Printed at: see last page
ISBN: 978-620-3-84284-5

Evangéliste

Moïse ILOKO KITUMBAMOYO

Tél. : +243 974 648 774 / 815 780 058
Ilokomoise20050@gmail.com

PREFACE

Ce précieux livre, *« et l'eau du Jourdain s'arrêta ! »,* qui actuellement se trouve entre vos mains, est une véritable feuille de route que l'auteur a mis à votre disposition, afin de vous amener dans une vie marquée du surnaturel (miracles) et des profondeurs en Christ.

Il mérite un sérieux temps de lecture afin d'y découvrir un trésor capable de bouleverser toute une vie. Raison pour laquelle, nous vous recommandons vivement ce livre toute en vous souhaitant une très bonne lecture à tous et à toutes, accompagné de l'assistance et l'aide de son Excellence, le Saint-Esprit... !

***

REMERCIEMENTS

Écrire un livre n'a pas pour but de remplir des pages à l'aide d'histoires, mais c'est tout d'abord une question de fardeau et de message.

Je remercie de prime à bord le Saint-Esprit, lui qui m'a téléchargé les mots et les phrases justes lors de l'élaboration de ce livre.

A mon épouse, **Furaha MANEGABE Adonis**, qui se tient toujours à mes côtés m'accompagnant et me soutenant dans le ministère.

Je fais parvenir mes gratitudes, à mon Père spirituel, Bishop **Sakodi PETRO,** je l'appelle aussi « *kamikaze de l'évangile* ». Un père qui m'a marqué par sa simplicité, par son humilité, par sa crainte de l'Eternel et par son dévouement dans le ministère Pastoral. Il m'a forgé à la lumière des écritures saintes.

Mes gratitudes à tous les hommes de Dieu qui, sans qu'ils le sachent ont influencé mon ministère. Il s'agit de mes mentors spirituels: l'apôtre **Shora KWETU**; le Prophète **Joël Francis Tatu**; l'Apôtre **Roland DALO**;

l'Apôtre **Marcelo TUNASI** et Pasteur **Espérance MBAKADI**.

Je tiens également à remercier le Centre d'Etude et Mission Evangélique (CEME) et l'Ecole Biblique du Chrétien (EBC) particulièrement ses trois personnes que Dieu a côté de moi sur la route du ministère: le Pasteur **Moguet KAMALEBO** ainsi que la Prophétesse **Kpogan MELINDA**.

Enfin, à l'église Mission Evangélique pour le Réveil International du Salut des Ames **(M.E.R.I.S.A)**, mes affectives reconnaissances pour sa présence, son soutien et sa fidélité constante à ma personne et surtout pour le grand amour qu'elle ne cesse de me témoigner.

Que Dieu vous assiste et vous bénisse au nom de Jésus-Christ, amen !

***

INTRODUCTION

Les enfants d'Israel avaient passés 40 ans dans le désert. Le désert entre l'Egypte et Canaan est un lieu de révélation mais aussi un lieu de mort. C'est l'endroit où périssent ceux et celles qui se contentent d'une délivrance sans trop d'efforts et qui abandonnent lorsqu'il est question de combats et d'engagements.

Après le désert, le peuple d'Israël devait traverser le Jourdain pour entrer en Canaan. Le nom de Canaan remonte à l'un des fils de Cham[1], dont la descendance a donné son nom au pays[2]. Cependant, les enfants d'Israël devraient passer l'eau du Jourdain pour entrer au pays de Canaan, qui ruisselant de lait et de miel ; un pays promis par Dieu pour son peuple terrestre, Israël.

Canaan est ainsi la figure des richesses spirituelles dans les lieux célestes qui ont été données par Dieu à celui qui croit au Seigneur Jésus. Ces bénédictions ne sont toutefois pas destinées à l'homme naturel, mais sont réservées à ceux qui, par la foi à l'évangile de la grâce et

---

[1] Gen. 9:18

[2] Sidon, Heth, le Jébusien, l'Amoréen, le Guirgasien, le Hévien, l'Arkien, le Sinien, l'Arvadien, le Tsemarien et le Hamathien sont nommés, en Genèse 10: 15 à 18, comme fils de Canaan.

du salut en Christ, sont identifiés avec lui dans sa mort et dans sa résurrection.

Pour prendre possession des bénédictions spirituelles dans les lieux célestes, le vieil homme doit être dépouillé et le nouvel homme revêtu.

Les eaux du Jourdain étaient un obstacle à l'entrée au pays de Canaan *(Terre promise)*. Le mot Jourdain se dit: ***«Yarden»*** et signifie: *«celui qui descend»*. Il y a dans cette traversée du Jourdain une prophétie annonçant le chemin du salut. Pour parvenir à la promesse, il faut donc traverser celui qui descend.

Nous y reviendrons plus tard.

PASSAGES BIBLIQUES PRINCIPAUX

Josué 3 : 7-17

« L'Éternel dit à Josué : Aujourd'hui je commence à te rendre grand aux yeux de tout Israël, afin qu'ils sachent que je suis avec toi comme je l'ai été avec Moïse.
Et toi, donne cet ordre aux sacrificateurs qui portent l'arche de l'alliance : Vous arriverez au bord des eaux du Jourdain et alors vous vous tiendrez dans le Jourdain.
Josué dit aux Israélites : Approchez ici et écoutez les paroles de l'Éternel, votre Dieu. Josué dit : A ceci vous reconnaîtrez que le Dieu vivant est au milieu de vous et qu'il dépossédera vraiment devant vous les Cananéens, les Hittites, les Phéréziens, les Guirgasiens, les Amoréens et les Yebousiens.
Voici que l'arche de l'alliance du Seigneur de toute la terre traverse le Jourdain devant vous. Maintenant, prenez douze hommes parmi les tribus d'Israël, un homme par tribu.
Dès que les sacrificateurs qui portent l'arche de l'Éternel, le Seigneur de toute la terre, poseront la plante des pieds dans les eaux du Jourdain, les eaux du Jourdain seront coupées, les eaux qui viennent d'amont, et elles s'arrêteront en une seule masse.

Lorsque le peuple sortit de ses tentes pour traverser le Jourdain, les sacrificateurs porteurs de l'arche de l'alliance marchèrent devant le peuple.
Et lorsque les porteurs de l'arche arrivèrent au Jourdain, et que les pieds des sacrificateurs qui portaient l'arche baignèrent au bord de l'eau, le Jourdain regorge par-dessus toutes ses berges tout le temps de la moisson, les eaux qui viennent d'amont s'arrêtèrent et s'élevèrent en une seule masse à une très grande distance d'Adam, la ville qui est à côté de Tsartân, et celles qui descendent vers la mer de la Araba, la mer Salée, furent complètement coupées.
Le peuple traversa vis-à-vis de Jéricho. Les sacrificateurs qui portaient l'arche de l'alliance de l'Éternel se tinrent au sec, de pied ferme, au milieu du Jourdain, et tout Israël passait à sec, jusqu'à ce que toute la nation eût achevé de traverser le Jourdain ».

Josué 4 : 18

« Lorsque les sacrificateurs qui portaient l'arche de l'alliance de l'Éternel remontèrent du milieu du Jourdain, au moment où ils détachèrent la plante de leurs pieds pour se diriger vers la terre ferme, les eaux du Jourdain retournèrent à leur place et coulèrent comme auparavant, tout le long de ses berges ».

✹ LE PASSAGE DES ENFANTS D'ISRAEL AU JOURDAIN

Le peuple d'Israël devait traverser le Jourdain pour entrer en Canaan. Le franchissement des eaux du Jourdain marquait l'entrée en Terre promise. Mais les eaux du Jourdain étaient aussi un obstacle à la possession de Canaan. De la même manière que la mer Rouge avait empêchait les enfants d'Israel de sortir d'Egypte, le Jourdain aussi les empêchait d'entrer en Canaan. Il fallait qu'un miracle se passe sur l'eau du Jourdain. Il fallait que l'eau du Jourdain s'arrête.

«Vous ne pouvez pas entrer dans la gloire sans toutefois passer par l'école de Dieu qu'on appelle: l'école du désert».

Le désert est un endroit sans habitation, sans refuge, sans secours, sans eaux, etc. La marche d'Israël durant quarante ans dans le désert est une figure de la vie chrétienne sur la terre, avec tous les dangers qu'elle comporte.

Ainsi, la vraie adoration vient du désert. On ne peut pas devenir un véritable adorateur sans avoir passé par le désert. C'est au désert qu'on apprend à adorer Dieu.

« Lorsque Dieu te fait passer par le désert, c'est pour transformer ton caractère, et que tu apprennes à dépendre que de lui ».

✸ LA SANCTIFICATION DU PEUPLE AVANT LA TRAVERSEE DU JOURDAIN

Josué a dit aux enfants d'Israel, « *Lorsque vous verrez l'arche de l'alliance de l'Eternel, votre Dieu, portée par les sacrificateurs, les Lévites, vous partirez du lieu où vous êtes, et vous vous mettrez en marche après elle. Mais il y aura entre vous et elle une distance d'environ deux mille coudées, n'en approchez pas. Elle vous montrera le chemin que vous devez suivre, car vous n'avez point encore passé par ce chemin. Josué dit au peuple:* ***Sanctifiez-vous, car demain l'Eternel fera des prodiges au milieu de vous*** ». Josué 3:3-5.

Lorsque l'eau du Jourdain s'arrête; nous devons nous sanctifier, suivre l'arche d'alliance afin qu'elle nous montre le chemin vers Canaan. L'apôtre Paul dit dans Hébreux 12:14: « *Recherchez...* ***la sanctification****, sans laquelle personne ne verra le Seigneur* ».

Passer le Jourdain c'est de passer par la mort. C'est concevoir la perte de certaines choses, c'est de laisser derrière soi des comportements et des attitudes qui ne correspondent pas à la volonté du Seigneur. 1 Thessaloniciens 4:6, «*Ce que Dieu veut, **c'est votre sanctification***».

Les eaux de la mer Rouge et du Jourdain sont un type de la mort que Christ a connue à notre place et dont il est sorti victorieux par la résurrection.

✹ L'ARCHE D'ALLIANCE ET LES SACRIFICATEURS

Par la parole de Dieu, Josué dit aux enfants d'Israel, que les sacrificateurs prendront l'arche d'alliance, ils vous précèderont dans les eaux du Jourdain. Et lorsque les plantes des pieds des sacrificateurs se sont posées dans l'eau du Jourdain, l'eau s'arrêta d'en haut à un morceau.

L'arche d'alliance est une préfiguration de Jésus-Christ, qui marche devant nous et nous après lui, il saura bien nous frayer le chemin à travers les obstacles qui se dressent devant nous. C'est la présence de Dieu avec nous qui arrête l'eau du Jourdain. Jésus-Christ arrête la maladie, le chômage, la stérilité, la dépression, la peu, etc qui se posent devant notre chemin comme l'eau du Jourdain.

Dieu a ordonné à Josué de commander aux prêtres *(sacrificateurs)* : « ***Vous vous arrêterez dans le Jourdain*** »[3].

Dieu a arrêté le cours des eaux pour Josué, comme il l'avait fait pour Moïse, 40 ans auparavant[4]. Le signe qui avait le mieux prouvé la puissance de Dieu pour Moïse, a maintenant été associée à Josué. Nous devons confier à Dieu nos requêtes[5].

La parole de Dieu dit dans Hébreux 13:8, « *Jésus-Christ est le même* ***hier, aujourd'hui*** *et* ***éternellement*** ».

---

[3] Jos. 3 : 8

[4] Exode 14 : 13 et suivants

[5] La requête désigne donc la prière au travers de laquelle nous pouvons intercéder sur divers sujets grâce à l'accès que nous avons auprès de Dieu notre père.

✸ L'ARCHE D'ALLIANCE PORTEE PAR LES SACRIFICATEURS PRECEDA LES ENFANTS D'ISRAEL

L'arche d'alliance[6] avait précédé les enfants d'Israël dans l'eau du Jourdain et les enfants d'Israel se sont mis en marche après elle. L'Arche d'Alliance était le coffre qui contenait les Tables de la Loi *(les Dix Commandements)* données par Dieu à Moïse sur le mont Sinaï.

En traversant l'eau du Jourdain, les yeux des enfants d'Israel devaient être fixés sur l'Arche d'alliance, et non sur une personne se trouvant à leur côté ni autour d'eux.

L'arche d'Alliance, quel mystère ?

Nous devons signaler que l'arche d'alliance devait toujours être portée et non mise sur un chariot. Sur l'arche d'alliance, il y avait les chérubins. Et dans l'arche il y avait les tables de la loi ; puis, sur le propitiatoire[7] se trouvait le sang de la victime que le sacrificateur y avait apporté au grand jour des propitiations[8].

---

[6] Elle représentait la présence de Dieu, d'où son caractère sacré qui doit être respecté et protégé à tout prix.
[7] C'est-à-dire le couvercle de l'arche d'alliance
[8] Le Jour du grand pardon, voir Lévitique 16:14-15.

Sur l'arche d'alliance les chérubins n'avaient pas une épée comme sur la porte du Jardin d'Eden après avoir chassé Adam et Eve, mais, au contraire, leurs ailes pour protéger l'arche ; et leurs faces, vis-à-vis l'une de l'autre, étaient tournées vers le propitiatoire.

Sur l'arche, Les chérubins regardaient le sang. Les chérubins n'avaient pas d'épée parce qu'ils voyaient le sang. C'était une préfiguration du sang de Jésus-Christ versé pour notre salut.

Ainsi, par le sang de Jesuschrist, la porte du Jardin d'Edan n'est plus protégé par les chérubins avec des épées mais l'accès est ouvert au travers du sacrifice de l'agneau de Dieu qui ôte le péché du monde, Jésus-Christ notre seigneur.

« ***L'arche d'alliance était un type de la croix de Jésus-Christ. Nous devons avoir les regards sur Jésus ; nous devons venir à lui pour être sauvés ; pour continuer à marcher sur le chemin ; nous devons demeurer en lui*** ».

Josué dit aux Israélites : « ***Vous n'avez point encore passé par ce chemin*** ». Il y avait devant eux un nouveau territoire à posséder. Si nous fixons nos regards sur le Seigneur Jésus-Christ et que nous le suivons, il nous conduira dans le territoire par où nous n'avons pas jusqu'ici passé.

- **Témoignage**: Mes parents sont décédés alors que j'avais à peine 2 à 3 ans. Mon père est décédé avant ma mère suite à une maladie et ma mère quelques années par après le décès de mon pere.
  J'ai été élevé par ma tante paternelle dans la ville de Kinshasa en RDC, elle avait pris soin de moi comme son fils mais plus je grandissais, je découvris qu'elle n'était pas ma véritable mère et que je n'avais pas de parents biologiques. J'étais devenu morbide. Je ne parlais presque plus, j'étais complexé et j'étais devenu trop solitaire, attaché à écrire des histoires sur ma vie dans des bloc-notes, je pleurais a chaque fois.
  Et mon adolescence ainsi que ma jeunesse étaient frustrantes.
  En 2006, je fus baptisé à l'eglise 5eme CELPA Gombe, puis vers 2009 j'ai changé d'eglise et suis allé à l'eglise Philadelphie chez l'apôtre Roland DALO. C'est par-là que j'ai commencé à experimenter la grandeur de Dieu dans ma vie. Par des divers enseignements sur la parole de Dieu, j'avais compris que Dieu me connaissait et qui était avec moi depuis tous ses temps.
  Par la parole de Dieu, j'avais compris que Dieu est le

père des orphelins et que si j'attachais mon regard sur lui, il sera mon secours.
Aujourd'hui j'ai un témoignage. Jésus-Christ m'a guéri de l'oppression, de la timidité, de la peur, du complexe d'infériorité, il m'a donné l'affection, la paix du cœur ainsi que la joie de vivre.
Oui, je peux témoigner, car mes peines sont arrêtées, comme s'arrêtèrent les eaux du Jourdain. Alléluia!

L'arche d'alliance était la gloire invisible de Dieu de manière visible parmi son peuple. La Bible dit que les sacrificateurs prirent l'Arche de Dieu et se dirigèrent tout droit vers le Jourdain. Lorsque la plante de leurs pieds toucha l'eau, un puissant miracle s'opéra. L'eau du Jourdain s'arrêta.

Dieu trace un chemin pour ceux qui croient en lui. Ésaïe 43 : 2 dit, « ***Si tu traverses les eaux, je serai avec toi*** *; et les fleuves,* ***ils ne te submergeront point*** ».

Nous devons mouiller par la foi nos pieds au bord de la rivière avant que Dieu n'agisse.

« Parfois, il n'a pas de miracle dans nos vies parce que nous ne voulons pas mouiller nos pieds dans l'eau. Nous avons tellement peur du Jourdain ».

L'eau du Jourdain s'est arrêtée en un monceau en amont. Au milieu du lit du cours d'eau, les sacrificateurs s'arrêtèrent de pied ferme, pendant que tout Israël passa le Jourdain et entra en Canaan.

L'arche d'alliance les a d'abord précédés dans les eaux du Jourdain. Et eux sont venus entrer par après. Il fallait que Dieu les précède afin qu'ils viennent par après. L'arche d'alliance qui les a précédés était la présence de Dieu. Les enfants d'Israel étaient sous l'alliance de Dieu. Dieu les a précédés afin de les protégés de la noyade.

L'arche de l'alliance est un type de Christ, du Fils de Dieu devenu homme pour accompli la grande œuvre de la rédemption afin de remettre les pécheurs dans l'alliance avec Dieu. Jésus-Christ nous a réconciliés avec Dieu. L'arche était couverte par le propitiatoire (le substantif hébreu ***«kapporeth»*** est dérivé d'un verbe qui signifie étymologiquement *«couvrir»*.

La couverture est liée à l'alliance. Sans alliance, il n'a pas de couverture, il n'a pas de protection. Le mot couverture en Arabe: «***kafara***» qui signifie, *«couvrir, calmer, consoler, rendre bon, réconciliation, ôter, effacer, pardonner, justifier, défendre ... »*.

« L'alliance de Dieu nous couvre du danger. La puissance de Dieu a fait que l'eau du Jourdain s'arrêta ».

C'est cette puissance Dieu qui avait fait qu'avant de délivrer son peuple Israël hors d'Égypte, l'Éternel tua, lors de la dixième plaie, les premiers-nés; mais le destructeur passa par-dessus les maisons des Israélites, dont les poteaux des portes avaient été aspergés du sang de l'agneau pascal.

La pâque hébreu: ***«pessach»*** signifie *«passer par-dessus»*. L'ange de la mort avait vu le sang et il a passé par-dessus. Le sang du Seigneur Jésus arrête la mort qui était sur notre chemin. C'est Jésus-Christ qui est notre agneau pascal. Il est notre couverture spirituelle; il est notre protection permanente.

Lorsqu'une personne est dans l'Alliance de Dieu, il y a deux choses qui se passent : Premièrement, Dieu entre dans son combat et fait du combat de cette personne son combat. Deuxièmement, Dieu se met sur la ligne d'attaquant pour lui rassure la victoire. Car, l'héritage est réservé que pour des fils. Et les fils sont dans l'alliance.

A cause de l'alliance, devant l'eau du Jourdain ; le combat des enfants d'Israel était le combat de Dieu et la victoire des enfants d'Israel étaient la victoire de Dieu.

La Bible dit que l'arche d'alliance était entrée d'abord dans l'eau du Jourdain pour stopper, bloquer, suspendre l'écoulement de l'eau du Jourdain en amont. Donc, à sa source. Le miracle arrête votre problème à sa source.

« Dieu ne soignera pas les conséquences de votre problème mais il soignera les causes de votre problème. C'est pourquoi l'eau du Jourdain s'arrêta en amont et non en aval ».

De la même manière, avant la chute de la muraille de Jéricho, les sacrificateurs ont fait la tour de la ville avec l'arche d'alliance pendant 7 jours et la muraille de Jéricho tomba. Dieu précédait les enfants d'Israel.

Certaines choses dépassent nos capacités, nos expériences ainsi que nos intelligences. Nous avons besoin d'un miracle. Nous avons besoin que l'eau du Jourdain s'arrête.

Si la victoire des enfants d'Israel était dans l'arche d'alliance ; nous notre victoire se trouve dans le sacrifice expiatoire de Jésus-Christ qui nous ouvre le chemin d'accès vers Canaan.

✹ LES 12 PIERRES TIREES DANS L'EAU DU JOURDAIN

Au milieu du lit du cours d'eau, les sacrificateurs s'arrêtèrent de pied ferme avec l'arche d'alliance sur ses épaules. Et Dieu dit encore à Josué de choisir 12 hommes pour chaque tribu d'Israel, qui vont prendre sur leurs épaules 12 pierres dans l'eau du Jourdain, là où s'étaient tenus l'arche d'alliance porté par les sacrificateurs et ils les poseront là où ils passeront leur première nuit c'est-à-dire à Guilgal. Pourquoi cet acte ?

Dieu voulait que son nom fût honoré en Israël, et qu'à l'avenir, lorsque les enfants demanderaient à leurs pères : Que signifient ces pierres ?, les pères puissent répondre : Israël a passé ce Jourdain à sec. Car l'Eternel, votre Dieu, a mis à sec devant vous les eaux du Jourdain jusqu'à ce que vous eussiez passé, comme l'Eternel, votre Dieu, l'avait fait à la Mer Rouge qu'il mit à sec devant nous jusqu'à ce que nous eussions passé, afin que tous les peuples de la terre sachent que la main de l'Eternel est puissante, et afin que vous ayez toujours la crainte de l'Eternel votre Dieu.

Quand Israël quitta l'esclavage de l'Egypte, il symbolisa un pécheur abandonnant le monde du péché. La nuit où Israël quitta l'Egypte, l'Agneau pascal fut immolé, symbolisant Christ, notre Agneau Pascal. Ils furent sauvés de la mort par le sang qui fut appliqué sur leurs demeures lorsque le Seigneur passa dans le pays et frappa les Egyptiens. Après leur salut, ils furent symboliquement baptisés lors de leur passage sous la nuée à travers la Mer Rouge, un type parfait de baptême par immersion (1 Corinthiens 10 : 1, 2).

A travers le Jourdain, Dieu conduisit les Israélites en Canaan, pays de la promesse; ceci symbolise la troisième grande expérience, le baptême du Saint-Esprit, que Dieu nous réserve. Après avoir été sauvé et sanctifié, le Chrétien est prêt à entrer dans la terre promise, la glorieuse terre d'abondance qui lui appartient par l'expérience du baptême du Saint-Esprit.

✢ *Pourquoi seulement le nombre 12 ?*

Le chiffre 12 est un chiffre prophétique: c'est un chiffre de l'élection.

- Sur le pectoral du grand souverain sacrificateur Aaron avait 12 pierres qui représentaient les 12 tribus d'Israel[9].
- Dans son ministère terrestre, Jésus-Christ s'était aussi choisi 12 apôtres.

---

[9] Ex 28:21

- Les 12 bâtons pour confirmer le choix d'Aaron[10].
- Dans l'Apocalypse nous trouvons les 12 portes de perles de la Cité céleste[11]; les douze assises du rempart de la Cité céleste[12]; les 12 étoiles de la couronne que porte la femme[13]; l'arbre de vie produit douze fois des fruits, l'un à chaque mois[14].

La Bible dit que les 12 pierres ont été prises aux pieds des sacrificateurs qui tenaient sur ses épaules arche d'alliance au milieu du Jourdain. Cet acte était une préfiguration de Jésus-Christ, lui comme souverain sacrificateur a porté sur ses épaules nos péchés à la Croix *(arche d'alliance)* jusqu'à Golgotha *(le milieu du Jourdain)* Ces 12 pierres sorties du Jourdain étaient donc la résurrection de Jésus-Christ d'entre les morts.

« Pour entrer à Canaan, nous devons aller en bas de la croix. Le salut de trouve à la croix. Or, la croix c'est la mort de Jésus-Christ. Nous devons donc mourir avec Jésus à la croix afin d'avoir notre carte passeport vers Canaan ».

---

[10] Nombre 17:21
[11] Ap 21,1
[12] Ap 21,19-20
[13] Ap 12,2
[14] Ap 22,2

C'est renoncer à soi, à sa mentalité, ses ambitions et ses désirs charnels afin de se laisser diriger par Dieu. C'est mourir à soi-même et se dépouiller de son ancienne vie pour revêtir la vie nouvelle en Jésus-Christ et décider de saisir pleinement toutes les promesses de Dieu dans la dimension de la résurrection.

Matthieu 16:24: *«Alors Jésus dit à ses disciples: Si quelqu'un veut venir après moi,* ***qu'il renonce à lui-même, qu'il se charge de sa croix, et qu'il me suive****»*.

Il est impossible de prendre la croix de Jésus et de mener une vie d'impudicité; d'être orgueilleux, haineux, conflictuels, menteur, voleur, ivrogne. Vous ne pouvez pas prendre la croix de Jésus et votre dans l'idolâtrie, la sorcellerie, c'est impossible.

Pour prendre la pierre au milieu du Jourdain, il faut se rabaisser c'est-à-dire, s'humilier au bas de la croix.

Jésus-Christ par l'œuvre de la croix; l'eau du Jourdain s'est arrêté afin que celui qui croit en loi, bénéficie de sa grâce et qu'il soit sauvé. On ne peut pas hériter Canaan sans la conversion et la repentance. Il faut un vrai brisement. Sans cela il n'y a pas d'héritage de Canaan.

Il y a des promesses pour ceux et celles qui passent par Christ à la Croix. Nous sommes appelés donc à passer par la croix. Notre sanctification et la façon dont nous portons l'arche sur nos épaules *(la croix)* en affrontant la nécessité de soumettre nos vies au Seigneur ouvriront devant nous en grand les portes de la terre promise.

La victoire des enfants d'Israël était sur l'arche. C'est la présence qui arrêta l'eau du Jourdain.

✝ *Jésus-Christ sur la croix arrêta la mort*

La croix est le symbole de l'opprobre de Christ. À la croix il a porté le juste jugement à l'égard du péché et a pris sur lui le salaire du péché, la mort. Le Jourdain signifie, *«celui qui descend»*. Jésus-Christ celui qui a descendu du ciel pour notre salut. Il a descendu pour arrêter l'eau du Jourdain afin de nous ouvrir la porte de Canaan. Chaque chrétien est appelé à la traverser et donc à passer au milieu de « *celui qui descend* » avec l'arche d'alliance sur ses épaules.

A la mort de Jésus-Christ, le voile du temple s'est déchiré en deux du haut en bas. Le voile qui empêche l'homme intérieur de recevoir l'illumination de la part du Seigneur et d'apporter ainsi la lumière aux autres et bloque le chemin vers la bénédiction. Il faut passer par le Jourdain ouvert, par le voile déchiré c'est-à-dire à travers Christ mourant sur la croix qui accomplit par sa mort la sentence qui pesait sur chacun de nous.

En d'autres mots, de la même manière que le voile dans le tabernacle séparait le lieu très saint du lieu saint, et personne ne pouvait le franchir, excepté le souverain sacrificateur qui ne le faisait qu'une fois l'an au grand jour des propitiations[15].

Aussi longtemps que ce voile de séparation était là, le chemin des lieux saints, c'est-à-dire de la présence de Dieu, n'était pas encore manifesté[16]. Selon Hébreux 10:20, tel était encore le cas pendant la vie de Christ sur la terre, car le voile n'a été déchiré qu'au moment de sa mort[17]; en d'autres termes: avant l'œuvre de la croix, l'accès aux lieux saints nous était fermé. Mais depuis que l'œuvre de la rédemption est accomplie, tous les rachetés ont une pleine liberté pour entrer dans les lieux saints par le sang de Jésus.

Lorsque Jésus était sur la croix, il y avait deux voleurs avec lui. L'un à gauche et l'autre à droite et lui au milieu. Rappelez-vous que l'arche d'alliance était aussi au milieu des eaux du Jourdain.

---

[15] Lév. 16:2
[16] Héb. 9:6-8
[17] Matt. 27:51

Le premier voleur dit à Jésus qu'il se sauve s'il est réellement le fils de Dieu. Or, sur la croix, Jésus-Christ était comme une arche au milieu des eaux du Jourdain. Ce voleur ne savait pas que si Jésus est au milieu, c'était pour bloquer sa condamnation afin qu'il traverse le Jourdain et recevoir son salut. Mais par son orgueil, il a voulu que Jésus traverse *(qu'il se sauve d'abord et lui sauvé par après)*, L'arche d'alliance était au milieu pour bloquer les eaux. Si Jésus-Christ n'allait pas à la croix, le Jourdain ne pouvait s'arrêter.

Mais j'aime l'autre voleur, il a vu Jésus non pas comme un homme mais plutôt comme un Dieu parmi les hommes. Lui, il a vu Jésus comme une arche d'alliance au milieu du Jourdain. Il a vu Jésus comme une porte ouverte pour son salut. Il avait vu la porte de paradis ouverte. Et il a dit, « *souvient-toi de moi*» quand tu seras au paradis et Jésus lui a dit, aujourd'hui tu seras avec moi dans le paradis. Or, le mot souvient-toi de moi veut dire, «*Aie pitié de moi*». Le salut était sur la croix. Christ a au travers de la croix, a effacé l'acte dont les ordonnances nous condamnaient et qui subsistait contre nous, et il l'a détruit en le clouant à la croix[18].

---

[18] Colossiens 2:14

Israël a vu Jésus-Christ a la croix mais il refusa le salut et Jésus resta calme mais les nations ont vu Jésus-Christ a la croix et ils l'ont réclamé et Jésus a dit, tu seras avec moi au paradis. Présentement, la porte du paradis est ouverte pour nous les nations. N'abusons pas de la grâce car la grâce prendra fin un jour. Jésus-Christ revienne bientôt!

✸ LES 12 PIERRES PLACEES AU MILIEU DE L'EAU DU JOURDAIN

Dieu a dit encore à Josué de prendre 12 autres pierres et de les placées au milieu du Jourdain, pour y être recouvertes par les eaux retournant en leur lieu. Les 12 pierres placées dans les eaux étaient caché dans les eaux du Jourdain. Le peuple d'Israël devait traverser le Jourdain pour entrer en Canaan.

Les 12 pierres, représentant les 12 tribus d'Israël, devaient être posées au fond du fleuve. Le Jourdain également est une figure de la mort et de la résurrection de Christ pour les croyants, mais en même temps. C'est pourquoi douze pierres furent dressées au bord du Jourdain. Il est aussi une figure du nouvel homme que le croyant est appelé à revêtir.

Dans 2 Rois 5, la lèpre de Naaman, le Syrien, montre l'état du pécheur perdu qui est purifié et trouve la délivrance dans le Jourdain, figure de la mort et de la résurrection de Christ.

Ainsi, au Jourdain, avant de commencer son service, Christ pouvait, lui qui était sans péché, être «oint» de l'Esprit Saint[19], alors que pour nous la foi au sang de Christ précède l'onction ou le sceau du Saint Esprit.

Jean-Baptiste voyant Jésus venir vers lui dans l'eau du Jourdain ; il a cria : « ***Voici l'agneau de Dieu qui ôte le péché du monde*** **».**
Or, c'est dans l'eau du Jourdain que 12 pierres ont été placées à titre comme mémorial par les enfants d'Israël. Quel mystère !

Ce mystère a été dévoilé, les 12 pierres placées dans les eaux du Jourdain par les enfants d'Israel étaient leur foi à l'acte du salut qui arrêta l'eau du Jourdain et les a permis de passer le Jourdain. Ces 12 pierres pour nous, c'est la foi en la mort de Jésus-Christ.

Ainsi, l'église est née par la mort et la résurrection de Jésus-Christ sur la croix de Golgotha. Christ a au travers de la croix, anéanti *(aboli)* dans sa chair la loi des

[19] Luc 3:22 ; 4:18; Actes 10:38

commandements qui consiste en ordonnances[20]. Il a effacé l'acte dont les ordonnances nous condamnaient et qui subsistait contre nous, et il l'a détruit en le clouant à la croix[21]. La croix a ainsi permis de nous dégager de la loi. Or, c'est par la loi que vient la connaissance du péché. Par conséquent, la croix nous a aussi dégagés de la puissance du péché.

L'église est bati sur la révélation qui est Jésus-Christ. Il est la tête de l'église. Le mot Eglise est la traduction du mot grec ***«ekklesia»*** : ***«ek»*** signifie *«hors de»* et ***«klésia»*** signifie *«appel»*.

Si les 12 pierres sorties du Jourdain est notre foi à la résurrection de Jésus-Christ ; les 12 pierres placées dans le Jourdain est notre foi à la mort de Jésus. Pour entrer à Canaan, nous devons donc mourir et ressuscité avec Christ.

2 Timothée 2:11 dit, « *Si nous sommes **morts avec lui, nous vivrons aussi avec lui*** ».

[20] Ephésiens 2:15
[21] Colossiens 2:14

✹ LA CIRCONCISION DES ENFANTS D'ISRAEL APRES LA TRAVERSEE DE L'EAU DU JOURDAIN

Dans Josué 5:2, l'Eternel dit à Josué: « *Fais-toi des couteaux de pierre, et* ***circoncis encore une fois les enfants d'Israël*** ».

Après la traversée du Jourdain, le peuple y dressa son premier camp dans le pays de Canaan et Josué y reçut de Dieu l'ordre de circoncire les fils d'Israël, car aucun d'entre eux ne l'avait été durant les 40 ans de voyage dans le désert.

Une fois la circoncision exécutée à Guilgal, Dieu dit à Josué: «*Aujourd'hui* ***j'ai roulé de dessus vous l'opprobre*** *de l'Égypte*».

Le nom de Guilgal est lié au «*roulement*» de l'opprobre. Si le passage à travers le Jourdain est un type de notre mort et de notre résurrection spirituelle avec Christ, la circoncision à Guilgal est alors l'expression de la mortification des membres, c'est-à-dire des manifestations de la chair, et du dépouillement des caractères du vieil homme (Col. 3:5-9).

Les Israélites de cette génération n'avaient pas été circoncis dans le désert et le signe de l'alliance entre Dieu et son peuple n'était pas marqué dans leur chair. Cet acte était le signe de la mortification du désir charnel. Il symbolisait prophétiquement la fin de la domination de la chair afin de permettre à l'Esprit de prendre la direction de notre vie.

Comme symboliquement lors de la circoncision un morceau de chair était coupé, ainsi Christ, comme substitut, a laissé s'exécuter sur lui le jugement du Dieu saint contre la chair de péché, la vieille nature de l'homme.

L'apôtre Paul écrira aux Colossiens 2:11: « *Et c'est en lui que vous avez été circoncis d'une circoncision que la main n'a pas faite, mais de* ***la circoncision de Christ, qui consiste dans le dépouillement du corps de la chair*** ».

La circoncision de Christ consiste à circoncire le cœur, c'est-à-dire le régénérer à tel point qu'il ne s'obstine plus dans le mal, et qu'il pourra et voudra de toutes ses forces aimer Dieu. Deutéronome 10:16, illustre bien cette réalité: « ***Vous circoncirez donc votre cœur,*** *et vous ne raidirez plus votre cou* ».

À la croix, Dieu *«a condamné le péché dans la chair»*[22]. La circoncision du Christ, c'est-à-dire la mort de Christ à la croix, est en même temps la fin du vieil homme[23]. Celui qui croit en lui *(Christ)* peut maintenant savoir que le vieil homme est crucifié avec lui.

« Tous ceux qui croient au Seigneur Jésus sont en lui circoncis d'une circoncision qui n'a pas été faite de main… par la circoncision du Christ ».

C'est circoncision n'est autre que la nouvelle naissance opérée par le Saint-Esprit. C'est la nouvelle naissance produit aussitôt un grand changement dans le cœur du pécheur. Il n'y a pas de nouvelle naissance sans véritable changement. Jésus dit à Nicodème dans Jean 3:6: « *Ce qui est né de la chair est chair, et* ***ce qui est né de l'Esprit est Esprit*** ».

D'ailleurs dans Josué 5:7-8, il est dit: « *Lorsqu'on eut achevé de circoncire toute la nation, ils restèrent à leur place dans le camp* ***jusqu'à leur guérison*** ».

La circoncision était une opération qui exigeait une période de guérison, de convalescence. Le mot guérison se

---

[22] Rom. 8:3
[23] Col. 2:11

dit en hébreu **«*chayah*»** et signifie littéralement: *«revenir à la vie et même ressusciter»*. C'est une belle image de la nouvelle naissance.

Naitre de nouveau c'est assurément revenir à la vie et signifie connaître la vie de résurrection. Naitre de nouveau c'est mourir à son ancienne manière de vivre afin de permettre à la vie de l'Esprit de se répandre pleinement.

Passer le Jourdain est une étape essentielle mais la circoncision du cœur en est une autre. La circoncision du peuple d'Israël à Guilgal est là pour nous montrer que le jugement de la chair doit être non pas seulement une doctrine, mais une réalité pratique dans notre vie de foi. Pour entrer dans la Canaan spirituelle et jouir de ses bénédictions est pour tous ceux qui ont été sauvés et sanctifiés. Notre Canaan c'est le paradis, la vie éternelle dans la gloire.

✸ TEMOIGNAGE DE MON MARIAGE:

Après plusieurs échecs, l'eau s'arrêta !

J'étais sans emploi lorsque Dieu m'avait rassuré de m'engager en mariage. Je ne savais comment et par où trouverais-je dot, les mobiliers et la maison. Le jour où j'avais dit que je vais me marier, presque tout le monde s'est révolté contre moi. Ils m'ont trouvé comme un fou, un véritable aventurier. Personne ne voulait s'associer avec moi dans ce projet qu'ils trouvaient nauséabonds. J'étais seul avec Dieu.

La famille m'avait dit non et plusieurs avaient refusé de me soutenir dans ce projet. J'etais decouragé. Il fallait soit avancer soit selon ma foi, soit selon ce que la famille voulait.

Il y avait beaucoup de critiquer des gens de la famille et de l'extérieur afin de me pousser à l'abandon. C'était pour moi un front avec certains membres de la famlle qui avaient des moyens. Car, ils s'etaient mis d'accord de ne pas me soutenir à cet effet.

L'avait la foi que je reussirais mais sur le plan finacier; j'avais trouvé une grande barrière comme si j'étais devant l'eau du Jourdain.

J'avais avancé presque seul avec le soutien d'un petit nombre des gens de ma famille et de l'eglise. Par defaut des moyens, j'ai dû reporter 2 à 3 fois mon mariage d'une manière officielle et au-moins 3 fois d'une manière non officielle. La belle famille commencait déjà à douter de moi et c'était une situation très stressant surtout que ma fiancée et toute sa famille etaient au courant des dates de la remise de la dot et du mariage proprement dit.

Ma fiancée était découragée de savoir que j'avais tout reporté à une date ultérieure et cela avait réduit l'amour et l'affection qu'on avait l'un à l'autre.

Comme si cela ne suffisait pas, je recevais des messages des frères, des sœurs et serviteurs de Dieu qui disaient:« *comme ils ont reporté leur mariage, ils ont ouvert la porte au diable pour ce mariage. Ils ont perdu leur bénédiction du mariage et ca risque de ne plus avoir lieu*». Cela me rendait triste encore !

Comme serviteur de Dieu, je me demandais depuis quel jour toutes ses personnes étaient devenues des prophètes? Et de quel passage biblique ils se basaient pour me dire ainsi ?

Ma fiancée m'encourageait à la persévérance, à la prière et à chercher l'argent de la dot. Elle était avec moi malgré les situations difficiles qu'on traversait.

Je suis demeuré dans la prière et nous avons fixé le mariage pour la date du samedi 03 juillet 2021. Dieu était avec moi durant cette période et sa main était sur min chemin. Un mois avant j'avais déjà pris la salle de fete, j'avais déjà imprimé les invitations pour le mariage et les faire-part. Malgré cela, j'étais toujours découragé par certains membres de ma famille car financièrement je n'avais ni maison, ni habillement et grave encore je n'avais pas la dot pour remise officielle *(chèvres, boissons, etc)*. Peu de gens m'ont dit courage ça va aller ! J'allais par la foi, je savais que l'eau s'arrêtera et je traverserais le Jourdain.

Je me rappelle même qu'un oncle paternel est venu deux jours avant mon mariage me dire que je dois reporter ce projet car je n'ai rien et je suis têtu...

Par la main puissante de Jésus-Christ, je m'étais marié à la date du samedi 03 juillet 2021, coutumièrement, civilement et religieusement. L'eau du Jourdain s'arrêta !

Aujourd'hui j'ai un témoignage. J'ai appris à faire confiance à Dieu ; il m'a envoyé des hommes et des femmes qui ont été pour moi et ma fiancée une bénédiction.

Je savais que c'est possible et j'avais laissé que Dieu me précède comme l'arche preseda les enfants d'Isreael dans le Jourdain.

J'avais marché à contre-courant pour arriver jusqu'au bout. Et c'est la main puissante de l'Éternel qui me donne aujourd'hui ce témoignage. Jésus-Christ arrêta l'eau du Jourdain pour ma vie et je peux dire « et l'eau du Jourdain s'arrêta ! »

CONCLUSION

Le Jourdain est une figure de la mort et de la résurrection de Christ pour les croyants, mais en même temps de leur résurrection avec lui.

Pour que les enfants d'Israël entrent à Canaan ; Dieu a fait un miracle et l'eau du Jourdain s'arrêta. La victoire est certaine lorsque Dieu s'engage de notre côté. Il a plu à Dieu de sauver les croyants par la folie de la prédication : celle de la croix qui est un scandale pour les juifs et folie pour les grecs, mais une puissance de Dieu pour ceux qui sont appelés[24]. La croix est une sagesse et une puissance de Dieu par laquelle Dieu a sauvé l'humanité[25].

Nous devons faire confiance à Dieu car s'il a ouvert un chemin dans l'eau du Jourdain pour les enfants d'Israel, il peut le faire aussi pour nous. Dans Luc 1:37, la Bible dit: « ***Car rien n'est impossible à Dieu*** ».

Dieu est capable non seulement de séparer en deux les eaux de la mer Rouge mais aussi d'arrêter eau du Jourdain et de frayer le chemin. Il est capable d'arrêter ton maladie incurable, il est capable de te donner un travail après des

[24] 1 Corinthiens 1:21-24
[25] 1 Corinthiens 1:24

années de chômage, il est capable de te donner un enfant après des années de stérilité, il est capable de te donner la paix, la joie que tu as manqué il y a bien longtemps.

Je crois que ce livre t'a particulièrement béni et que tu ne seras plus jamais la même personne. Si tu as lu ce livre et que tu n'as jamais donné ta vie à Jésus, alors je te propose de faire cette confession de foi avec moi :

« *Seigneur Jésus je t'invite dans mon cœur, devient mon Sauveur et mon Seigneur personnel, pardonne mes péchés, lave moi par ton sang, et donne-moi ton Esprit Saint ; Je chasse le diable de ma vie, et je proclame la mort et la résurrection de Jésus-Christ pour moi. Je suis sauvé, je suis justifié et je suis délivré au nom Jésus-Christ de Nazareth. Amen !* »

DU MEME AUTEUR

1. Comment croître sprituellement ?
2. Comment opérer par les dons du Saint-Esprit
3. L'eglise d'Ephèse: forces, faiblesses, pièges et conséquences.
4. La génération des pères et des fils.
5. Le mystère de la prière: les 13 différentes sortes de prières.
6. Le mystère des vêtements.
7. Le mystère du sommeil d'Adam.
8. Les 3 choses qui fragilisent et détruisent les fiançailles.
9. Les 5 pas vers l'acomplissement de la destinée
10. Les choses qui fragilisent et détruisent les fiançailles

Table des matières

Tél. : +243 974 648 774 / 815 780 058
Ilokomoise20050@gmail.com

Printed by Books on Demand GmbH, Norderstedt / Germany